Over the tree!

近藤 久仁子

文芸社

目次

1. A.S.A.P.(AS SOON AS POSSIBLE) …………… 4
2. WASH YOUR HANDS ……………………… 8
3. SUMMER HILL ……………………………… 12
4. FASHIONABLY LATE ……………………… 16
5. TRAIN TROUBLES(1) ……………………… 20
6. TRAIN TROUBLES(2) ……………………… 24
7. TRAIN TROUBLES(3) ……………………… 28
8. IN THE TRAIN(1)　アツコに会いたい………… 32
9. IN THE TRAIN(2) …………………………… 36
10. DAFFODILS ………………………………… 40
11. ADULT EDUCATION ……………………… 44
12. BABY SITTER ……………………………… 48
13. HOUSE HUNTING(1)　借家探し …………… 52
14. HOUSE HUNTING(2)　いざ、家を買わむ ……… 56
15. HOUSE HUNTING(3)
　　家を売りたいのは分かるんだけど…　………… 60
16. HOUSE HUNTING(4)
　　アナタの家は買いたくない！ ……………… 64

17. HONEY, MY SWEET ·················· 68
18. PET, PET, PET ·························· 72
19. ANIMAL RIGHT ························ 76
20. OVER THE TREE! ······················ 80
21. HOUSE TROUBLES ··················· 84
22. GREEN HANDS ························ 88
23. CHIRISTMAS(1) ······················· 92
24. CHIRISTMAS(2) ······················· 96

1. A.S.A.P.
   (AS SOON AS POSSIBLE)

　それはイギリスへ来てすぐの頃だった。電話を付けて貰うために電話会社へと赴いた時のこと。急ぐから、との私の要請に担当者は大きく頷いて言った。「わかりました。ここにA.S.A.P.と書き入れましたから大丈夫、ご心配なさらずに」。私はこれで数日中には電話が付くだろうと独り合点し、ありがとうと礼を述べてその場を後にした。

　私は待った。今日来るか明日来るかと思いながら外出も必要最小限にとどめて待った。二日過ぎ三日過ぎ一週間が過ぎた時、私は不安になった。もしかしたら何かのミスで私の依頼を忘れているのかもしれない。

　「御依頼は承っております」。再び電話会社を訪れた私

に別の担当員は威風あるその口調で答えた。「いつお付けするかは技術者の都合もありはっきりとは言えませんが、数日中にお付けできるよう最善の努力をいたします」

　ようやく技術者が電話を付けにやって来たのは、それから更に一週間が経ってからのことだった。数日中に付けてくれるって言ったくせにウソつき！と憤ってはいけない。ようく聴くと数日中に付けるよう努力すると言っているだけで、数日中に付けるとは言っていない。ここはイギリス、彼等はイギリス人。異なる言葉を喋り、異なる文化と生活様式の中にいるのだ。日本的感覚ですぐやってくれると期待する方が間違っている。実際、彼等は彼等なりにベストを尽くしているのかもしれないのだし、何よりもこのようなことでストレスをため込んでいては美容と健康に障るというものだ。

　とはいえ、やはり納得しにくいこともある。百貨店でワイングラスを注文した時のこと。在庫はあるのかとの私の問いに担当の女性はどこかに電話までして確認してくれた。近々ホームパーティーをするからその時に使うつもりなの、と目的を話すと「まあそれはステキ、じゃ

急ぐのね。ここにプライオリティー（優先事項）って書いておくわ」と彼女は言い、私は確かに彼女がそう書き込むのを目撃した。

　一週間、そして二週間を平然と見送った私も三週間目も半ばになると何か胸騒ぎのようなものを感じずにはおれなかった。ホームパーティーはもう来週に迫っている。私は受話器を掴んだ。「ご注文は預かっております。製造元からの発送を待っているところです」

　しかし。悪い予感は見事に当たり、私はこの同じ返事をもう一度ホームパーティーの前日に聞くことになるのだ。

　それからおよそ一ヶ月後。突然電話が鳴って電話の主はその百貨店の名前を告げて私の注文した物が来たからその支払いをしに来て欲しい旨を伝えた。一体何のことだ。当惑する私に電話の主は断固として言った。「確かにあなた様のお名前でワイングラスの注文をお受けしたのですが、ご注文をキャンセルなさいますか」。ああ、あのワイングラス！　心の隅には引っ掛かっていたけれど、百貨店からは何の連絡も無く、私自身ホームパーティーも終わったことだし今更どうでもいいやと放って

おいたのだ。
　私は感嘆した。在庫があったものをプライオリティー扱いにしても二ヶ月を要したことについてでは勿論ない。どんなに時間をかけても注文を受けたものを忘れずに処理しようとするイギリス的な責任感について感嘆をしたのだ。私はこの感動を他の誰かに伝えずにはおれず、従ってそうした。
　「スゴイね」と、彼も感心したようだった。が、理由付けは違っていた。「やっぱりお金を貰うことについては忘れないんだね」。ウーム、そういう見方もあったのか。

2. WASH YOUR HANDS

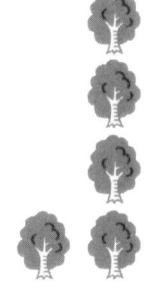

　イギリスの街角にはフィッシュ＆チップスを売る店が必ずある。要は魚の天ぷらとフレンチ・フライのことで、ロースト・ビーフと並ぶイギリス人の好物のひとつであるが、その庶民性においてロースト・ビーフを圧倒的に凌いでいる。店の近辺ではその揚げたてのフィッシュ＆チップスを頬張る人達の姿を目にする。彼等の多くは所謂立ち食い（或いは歩き食い？）というやつで、少なからず彼等の指先がフォークの役目を果たしているのだけれども、それが問題なのだ。

　イギリスを訪れたことのある人なら心当たりがあると思うけれど、空港や駅のトイレで用を足した後、手を洗わずに出て行く人達が少なからずいる。勿論、飛行機の

時間に遅れそうだとか個人の事情あってのことかもしれない。しかし実は、いろんな所でこういう人達を目にするのだ。例えば大学の女子トイレ。彼女達が足早に去って行く理由が、大切な講義を一言一句聞き逃さないためであることを信じたい。が、その直後同じ学生をカフェテリアに見つけたりすることも稀ではなかったりする。最近では「あなたの衛生の為に手を洗いましょう」と書かれたスティッカーが貼られているのだが…。

　それもそれだが、トイレの床に置いた鞄を講義室の机や椅子は勿論カフェテリアのテーブルにまで平然と載せたりする彼女達を見ていると、彼女達に衛生の観念はあるのかなと考えさせられる。私の愛すべき友人の中にはトイレの床に鞄は勿論、コートやマフラーなんぞを脱ぎ捨てて用を足した後、それらをおもむろに拾い上げて再び身につける女性もいるのだ。これがイギリスの某有名大学をファースト・クラス・ディグリーという最優秀の成績で卒業した人なのだから更に驚く。因みに、彼女の場合、手は必ず洗うのだが、何か大切なポイントがズレている気がするのは私だけだろうか。しかし、ここ数年来の脳膜炎多発により衛生に対する関心もかなり高まっ

てきたことを付加えておきたい。

　話を街角のフィッシュ&チップスへ戻そう。彼等は特にチップスを食べる時、指先についた塩を取るためか、指先をしゃぶる。隣にいるとチュッチュッと音が聞こえるのだ。嘘じゃない。在英外国人達はそんな英国人の姿を見て、立ち食いははしたないとか、指先をしゃぶるのはみっともないだとか、それぞれ思うところがあるようだ。私とて例外ではない。ただ、立ち食いについては、違った見解を持っている。私達はイギリスといえばジェントルマンの国、と習った。確かにそうかもしれない。だが、その多くはフツーの人達なのだ。イギリスは階級社会であり、口にこそ出さないけれど皆自分の分というものを認識している。一億総中流、頑張ればどんなにも偉くなれると本気で信じているどこかの国の民とは違う。

　フツーの人達の中にも裕福な層とそうでない層があり、その職業によって概ね大別できるが必ずしも正確な分類ではない。貧しい層の年間賃金は驚く程低い。フィッシュ&チップスまたはチップスのみのお持ち帰りは街角で食べることのできるホットフードとしては、お

そらく一番安上がりなもののひとつであり、そういう彼等がチップスの冷めるのを惜しんで店の近辺で立ち食いをしていたとしても誰が非難できようか。勿論、立ち食いをしているのは必ずしも貧しい層だけではないだろうが、その昔ジェントリーと呼ばれたクラスの紳士や淑女達がいくら時代が変わったからといって立ち食いをしているとは考えにくいのだ。だから、立ち食いに関しては階級社会の顕れだと私は密かに思っている。

　それでも彼等を見る度に思わずにはいられない。この人、手を洗ったんだろうか。もう、そんなに美味しそうに指先をしゃぶるんだったら、手を洗ってからにしてよね。

3. SUMMER HILL

　思えば幼少の頃から私は夏という季節が好きだった。ぎらぎらと照りつける太陽、濃く短い影法師、沸き上がる入道雲。夏という季節はその熱っぽさで私を魅了した。夏とはそんなものだと思っていた。

　イギリスへ来て初めての夏。その年は特に雨が多く私はよく窓の外の止まない雨を眺めていた。せっかく持ってきた夏服を着る機会もなく、私はイギリスが日本とは異なる気候帯の中にあるのを今更ながらに感ぜずにはおれなかった。

　ある週末、私は車に乗っけられてヨークシャーの田舎道を走っていた。その日は朝から太陽が顔を出し、風はそう温かくもなかったが、まぶしい光があたり一面に降

りそそいでいた。見渡す限り続くなだらかな丘々、それを縫うように走るくねった道。広がる緑色と土色の大地。所々に点在する黄色の絨毯を広げたような一画が視神経を刺激する。あれは何だろう。私はずんずんと近づいてくるその黄色に目を凝らした。

　菜の花！　それはマッシヴの菜の花だった。こんなに大量の菜の花を目にするのは初めてで、それは感動的ですらあった。少し開けた窓から入ってくる何故だか懐かしい香りが菜の花のそれだと気付くのに、暫しの時を必要とした。ヨークシャーの田舎道、菜の花と草の香りに埋もれながら、私は知らず視覚と嗅覚でもってイギリスの夏を記憶したのである。

　イギリスの短い夏などはあっという間に過ぎ、忙しい日常に煩わされているうちに気が付くと街はクリスマス前の喧噪の中にある。そうやって幾つかの夏をやり過ごし、また私はクリスマスの頃にいた。緯度が高いイギリスでは、時計が昼の三時を回ればあたりは次第に暗さを増し、クリスマスのイルミネーションが嫌が応にも雰囲気を盛り上げる。その年もそんな中、私はいそいそとクリスマス・ショッピングへと繰り出したのだった。

ヨークの石畳の街の一角に香水屋がある。クラブトリー＆エブリンというイギリスでは名の知られた香水屋でイギリスの主要都市では必ず目にするが、その店構えはヨークのような古い石畳の街にこそ相応しい。ガラス越しに覗き込むと香水や石鹸が可愛いパッケージに詰められて並んでいる。今日は香水を買いに来たのではないのだから、と一度は通り過ぎるのだけれど、気が付くといつも店内を物色している自分に苦笑させられる。その日も、その店に吸い寄せられた。くるりと店内を見回すと店の隅にある淡い黄色が目に飛びこんできた。近寄って手に取ったそのボトルにはサマー・ヒル（夏の丘）のラベル。私は何気なくテスターを一噴きさせてみた。

　何故だか懐かしいその匂い。私は反射的に目を閉じた。すると、私はどこまでも続く菜の花畑を背に、夏の丘に立っていた。私と私の友人と彼女の愛犬と。空いっぱいからこぼれてくる光の中で大地は笑い声を立てていた。リバー・ハンバーはゆるやかに流れ、その上を、そして、私達が立つ丘の上を風が渡っていく。対岸は鮮やかな黄色と緑の絵筆でひとはけしたようなその眺め。風が運んでくるのは夏草とそしてマッシヴの菜の花の香

り。記憶は更に遡り、今度は車の中にいた。ヨークシャーの田舎道、駆け抜けていく緑色の大地。ずんずんと大きくなってくる黄色は菜の花畑で、私は再びその花の香りの中に埋もれていた。忘れていたイギリスの夏の記憶がゆらゆらと私の中から沸き出してあふれそうであった。

　私は手に取っていたそのボトルをじっと見つめた。そして、ゆっくりと置いてあった場所へ戻すと店を後にした。クリスマスの喧噪がすぐに私を取り囲んだが、私はしっかりと夏の記憶を抱きしめていた。

4. FASHIONABLY LATE

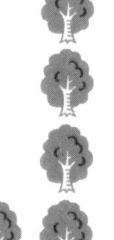

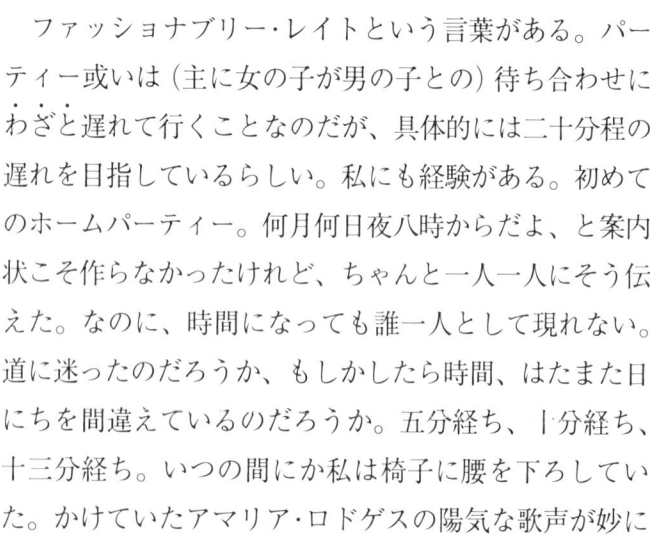

　ファッショナブリー・レイトという言葉がある。パーティー或いは（主に女の子が男の子との）待ち合わせにわざと遅れて行くことなのだが、具体的には二十分程の遅れを目指しているらしい。私にも経験がある。初めてのホームパーティー。何月何日夜八時からだよ、と案内状こそ作らなかったけれど、ちゃんと一人一人にそう伝えた。なのに、時間になっても誰一人として現れない。道に迷ったのだろうか、もしかしたら時間、はたまた日にちを間違えているのだろうか。五分経ち、十分経ち、十三分経ち。いつの間にか私は椅子に腰を下ろしていた。かけていたアマリア・ロドゲスの陽気な歌声が妙に悲しかった。

用意した食べ物をどうしよう。ケーキなんて二つも焼いちゃったわ、近所の人にあげるしかないだろうなあ。イヤ待てよ、どうせならショート・ノーティスではあるけれど明日違う人達を呼んで飲み食いしてもらうのも悪くはない。と、諦めも早いが立ち直りも早い私が建設的な明日への算段を練り始めた頃だった。誰かがドアをノックしている。出るとイアンが彼の奥方と一緒に立っている。そして言うことには、「ちょっと早いかなと思ったんだけど、座り心地の良い椅子を取ろうと思ってね」。彼等のコートを預かって、彼等の注文通りにドリンクを運んだ後、何気なく見た時計の針は八時二十分をちょうど回ろうとしていた。

　それからはラッシュだった。お客を迎えてはクローク・ルームにしていた二階（英国風に言えば一階）と一階（同、地階）を上がったり下りたり、その僅かの間にドリンクをサービスしたりと、もうてんてこまい。しかし、時計が八時半を幾らか回った頃には、残り一ダースのゲストも揃い、アマリアの歌声が楽しげに耳に入り始めていた。

　ファッショナブリー・レイトという言葉を知るには、

しかし、そのパーティーから実に二年以上の歳月が必要であった。が、言葉は知らなくても人々の行動を学習することはできる。イギリスへ来て長くは経たないうちに幾度となくホーム・パーティーへお邪魔させていただく機会を得たのだが、その最初のパーティーの時。指定された時間より早く訪ねることがイギリスでは失礼に当たると聞いた記憶があったので、私は大層気を使って指定時間キッカリにドアをノックできるように行った。早く行くのも失礼かもしれないけれど、時間に遅れるのはもっと失礼なことだと思ったからである。

　ホストは親切に招き入れてくれた。が、他のお客は一向に来る気配がない。パーティーは今日じゃなかったのかしら、と不安になり始めた頃にやっと他のお客がやって来て私はホッと胸をなでおろした。そこで、次の機会にはわざと五分程遅れて行ったのであるが、果たしてまたダントツの一番乗りであった。それで、他の客が来る度に時計を見ていると彼等の多くが、二、三十分遅れて来ることに気が付くに至る。遅れて行くことがイギリスの礼式かもしれないと勝手に解釈した私は、次回以降彼等の行動に従うことを決めた。

少し遅れて行くことがオシャレだと思われているのがその理由だと知ったのは、お昼のソープ・オペラをぼんやり見ている時だった。男の子が女の子をもう四十分以上も待っているシーンでの前者のセリフ。「二十分が過ぎるあたりまでは気にならなかった、彼女はファッショナブリー・レイトかもしれないと思ったから。でも、そうじゃなかったんだ。もう、彼女は来ないんだ」。そう言って男の子はうなだれるのだが、私は狂喜した。いつも気になっていた手の届かない窓ガラスの汚れを綺麗にした気分であった。
　それでも。これを単に遅刻の言い訳と見る向きもいるので気を付けましょうね。

5. TRAIN TROUBLES (1)

　列車での移動は好きだ。お喋りもできるし、熱いお茶だって飲める。本を広げることだって、車窓の風景を楽しむことだってできる。交通渋滞に巻き込まれることもないし、居眠りしていたって目的地まで運んでくれる。ことローカル線に関しては、あのガタゴトする音がその振動と相まって更なる旅情をかきたてる。いいなあ、列車での旅って。

　そんな思いは、しかし、イギリスで列車通学を始めた途端に吹っ飛んだ。そもそも、この国のパブリック・トランスポートはアテにできない。とにかく時刻表通りの運行が少ない。バスなどは遅れてやって来るばかりでなく、先に行ってしまう場合もあるから更に問題がある。

主要路線でない場合にはバスが三十分毎にしか運行しないなんてよくあることなのだけれども、通常十五分遅れて来るバスが、ある時五分前に行ってしまったりすると悲劇であるとしか言いようがない。なぜならば、次のバスは時刻表上ですら三十分後、実際には更に十五分遅れて来る可能性が高いのだから賢いアナタにはどれくらいそのバス停で立ち尽くさなければならないかがお分かりでしょう。これが冬の寒い日、あたりがとっぷり暮れた後なんかだとアナタじゃなくても泣きたくなります。じゃあ、タクシーを呼べばいいじゃないか、と思うアナタはイギリスを知らない。イギリスでタクシーを夕方の忙しい時間に呼んだ場合、忙しいからと断られるか、そうでなければ一時間後でなきゃダメなんてことをよく言われるんです。

　その点、列車の場合は遅れて来るだけだから幾分マシかと思いきや、遅れが起こりうるその頻度と継続時間がただ事ではない。ここでは列車が二時間遅れで走って来るなんてことが、特別夕刊の見出しになるということもなく当然の日常として起こりうる。イギリスでは列車が遅れている場合、何分遅れているかを到着／出発電灯掲

示板が知らせてくれる。ここで初めて120の表示を目にした時、私は驚かなかった。列車の定刻発車を当然視する極東の島国で育ったからといって、同じことが産業革命が始まったとされるこの極西の島国においても当然のことだ考えるほど私はウブではなかったし、正直言って120分も遅れることはないだろうと考えた。すなわち、誰かが終わりの0か始めの1を誤って付けてしまったに違いないと推測した。ここで12分か20分の遅れなど驚くに値しない。だが、その表示が正確なものであり、列車が二時間遅れでもキャンセルされずに駅へ向かって走って来ていると知らされた時の驚きといったら！

　うわあ、じゃ、ここで二時間も待たなくちゃならないの、と気を落とすのはまだ早い。こんな場合は運行しているほとんど全ての列車が程度の差こそあれ遅れている。つまり、運が良ければ遅れてやって来た前の列車に乗れる可能性があるということだ。もっと運が良ければそれに乗っていつもより早く目的地へ到着することだってありうる。しかし。「今日はいつもより早いね」「うん、遅れてやって来た前の列車に乗れたからね」等という会話が自然に成り立つ国なんて変、いや希有な存在なので

はあるまいか。
　そもそも、日本の新幹線もフランスのT.G.V.も、イギリスのインターシティーを参考に造られたという。いうなれば、インターシティーは各国高速列車の元祖である。しかし、元祖がこの調子では情けない。と、いうようなことは当然誰しも考えることで、このような状況から脱却すべくBR（イギリス版旧国鉄）は分断され民間経営下にくだり、現労働党政府は地球温暖化の促進を阻むという時代の要請もあってバス、列車などのパブリック・トランスポートが頼れる国民の足となるよう改善を計っている。が、苦戦を強いられている。

6. TRAIN TROUBLES (2)

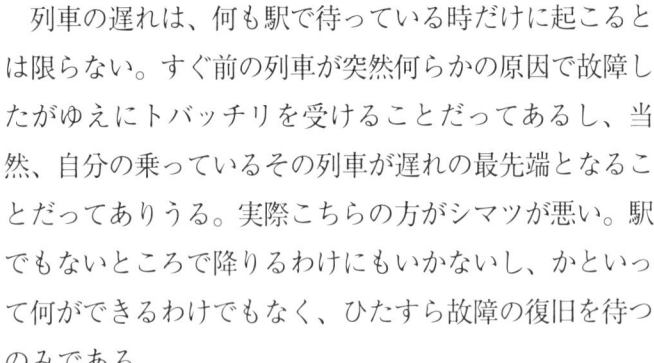

　列車の遅れは、何も駅で待っている時だけに起こるとは限らない。すぐ前の列車が突然何らかの原因で故障したがゆえにトバッチリを受けることだってあるし、当然、自分の乗っているその列車が遅れの最先端となることだってありうる。実際こちらの方がシマツが悪い。駅でもないところで降りるわけにもいかないし、かといって何ができるわけでもなく、ひたすら故障の復旧を待つのみである。

　不思議なことは、車掌が検札にやって来る頻度がそんな折には少なく感じられることだ。復旧に関わる諸雑用で忙しいのは分かるのだが、知人の中には、遅れた二時間を入れておよそ七時間もその列車に乗っていながら、

その間車掌が一度も検札に現れなかったと苦々し気にハサミを入れられていない旅券を見せてくれた者もいた。

　イギリスでは一定時間以上の遅れが生じた場合、その鉄道会社が金銭的保障をする仕組みになっている。勿論、支払った旅券代金全額は戻ってこないけれど、その一部が（通常、金額が印刷された鉄道券で）戻って来ると考えたらいい。その為にはまずコンペンセイション・フォームを書かなくてはならないのだが、通常は車掌がこれを配布する。車掌からの配布が受けられなかった場合には最寄りの駅で貰えるのではあるが、列車の遅延だけでも十分であるのに、更に何かをしなければならないのは非常に不快である。面倒がって権利を行使しない人も出てくるだろうし、実際、それが彼等の隠れた狙いではないかと疑いたくもなる。ま、権利の上に眠る者はその輩が悪いとしても、コンペンセイション・フォームを貰って初めて自分の権利に気付く場合も少なくないと思われるので、車掌が来てそれを配布しない場合は非常にクリティカルではないかと思われる。

　ところで、冬の寒い夜、発電機の故障のため終着駅の一歩手前で列車が立ち往生したことがあった。発電機の

故障であるのだから、当然暖房は消され車内も非常灯のみの点灯となる。外の冷気がじわじわと襲って来る。コートのボタンをぴっちりと締め帽子を被っていても、寒い。努めて楽しい会話を心がけるのだけれども、段々愚痴っぽくなってくる。そもそも、イギリスでは寒くなると故障による列車の遅れが多くなる。その冬初めての雪の日などは毎年お決まりのように一時間程の列車の遅れが生じることが多いのだ。冬が来れば雪も降る、何故より良いサービスのために改善を計らないのか。と、文句のひとつも言いたくなる私には、初雪だからね、とさも当然のことのように構えている居合わせたイギリス人達の態度にジリジリしたものだった。

　その夜もそうだった。その一等車両に乗り合わせたイギリス人達はワインを片手に談笑を始めた。かなりの時間が経ってから、やっとやって来た車掌に特別文句を言うでもなく、彼等は冗談を言い合っていた。冷めた紅茶を前に、私はそんな彼等を内心苦々しく思っていた。アナタ達がその調子だから、イギリスのトランスポート・システムは一向に改善されないんだ！

　そうやって二時間近くが経っただろうか。故障の克服

と列車が間もなく発車する旨のアナウンスが流れ列車が静かに動き始めた時、車内から大きな拍手が巻き起こった。同時に「よくやった！」と叫ぶ者、犬笛を吹く者。私の目からはウロコが落ちた。

　そうだ。事が起こってしまった以上、居合わせた車掌に文句を言ってみたところで事態は何も変わらない。私達は、車掌や運転手も含めて、同じフネに乗り合わせた言うなれば運命共同体なのであるから協力し合わねばならないのだ。そして辛抱強く故障が克服されるのを待つことだって、協力の一形態には違いないのだ。私は胸が熱くなった。イギリス人の忍耐強さと、イギリス的な団結心と。そこにイギリスという国の強さを見た気がした。

7.　TRAIN TROUBLES (3)

　列車のトラブルは遅れによるものだけではない。ストのため列車がキャンセルされることだってある。鉄道のスト自体は何も珍しいことではないけれど、イギリスでは、それまで普通に走っていた列車が「この列車はストによりキャンセルされました」というアナウンスとともに停車駅でもない駅で突然止まってしまうことがあるのだから凄い。

　ある時などは目的地まであと十五分というところで急に列車が止まったかと思うと進行方向と逆に走り始めた。訝しく思っていると、例のアナウンスとともに小さな駅で列車が動かなくなってしまった。焦ったのは私である。その日、私は飛行機に乗って日本へ帰る予定で

あった。どうしたらいいんだ。しかし、とりあえずバックアップ・システムはできているようで数十分後にキャンセルされていない別のインターシティーが、その存在さえ意識になかった小駅で呆然と立ち尽くしていた私達を一掃してくれたのである。

　ところで、この国の列車の運賃体系であるが、不思議なことに、金曜日料金というのがあって他の日の運賃の三割増しくらいの料金を取られる。金曜日だけではない。イースターやクリスマスといったホリデーシーズンにも、運賃は高くなる。

　イギリス人はこれを至極当然のことと受け止めているようなので友人に理由を尋ねると、金曜日やホリデーシーズンには列車の利用率が高くなるからねえ、という返事。納得できないのは私の方で、増車・増便するわけでもないのだから利用率が高くなればコストダウンでき、結果として運賃値下こそがしかるべきで、据え置きならばともかく値上の必然性があるのか、と憤まんやるかたない。アダム・スミスの「見えざる手」の熱烈信奉者なのだろうか、それとも、持てる者と持てない者との間に垣根を作った階級社会の名残なのだろうか。溜め息

をつきつつそれでもやっぱり高い料金を払って列車に乗る私なのだが、その列車が遅れたり或いは途中何かの故障で駅でもないところでエンエン止まったりすると、本当に怒りを超えて悲しくなってしまう。気のせいか、金曜日に多いんだなコレが。イヤ、しょっちゅう起こっているんだけど金曜日だけはそれを許せないからかな。料金が三割増しなら、サービスも三割増しであって欲しいとセツに願う私なのであった。

　不思議なことはまだある。さすが鉄道の歴史古いイギリスだけあって、様々な種類と料金の鉄道旅券があるのだが、そのうちに、レイル・ローバー・チケットというものがある。これは八日のうち好きな四日だけ選んで使うことができる、ということが売り物のチケットなのだが、毎日普通に買うより割安なため、私もこっそり愛用している。が、何故か朝九時前には使えない。通勤時間と重なるからというのがその理由らしい。

　そういえば、安チケットの場合、その種類によっては通勤アワーにロンドン発着のインターシティーに乗れない。こういうことは鉄道に限らず、市内バスも同様で、朝九時前には割安な往復切符が買えない仕組みになって

いる。このことを知らなかった私が往復切符を求めると「買えないんだよ」とスゲない返事。何故、と尋ねると「時計を見ろ」。見ると時計の針は九時前十分をさしている。だが、理由が分からない。で、再び説明を求めると「九時前には買えないんだよ」。どうして、ともう一度聞こうとした私に運転手は怒鳴った。「乗るのか、乗らないのか。往復切符が欲しけりゃ、あと十分待つんだな」

　イライラすることも多いけれど、それでも私はイギリスの駅と列車での移動が好きだ。駅。古いが大事に使われており、季節の花がさりげなく飾ってあったりする。改札がないため、いろんな人が行き来し、それゆえに起こるドラマを目にすることも。そして列車は緑の牧草地を分って進んでいく。そこに流れる時間はいつだってゆるやかなのだ。

8.　IN THE TRAIN (1)
　　アツコに会いたい

　その日、私は発車寸前の列車に飛び乗った。案の定ほぼ満席状態であったが、隣り合っている空の座席が二つ目に留まった。よく見ると、しかし、窓際の座席にはペーパーバックが置いてある。ぐるりと車内を見回したが、立っているのは私のみであった。ま、いいか。私は通路側に腰を下ろすと、ふうっと息を吐いた。ハーフ・タームのお休みが明日から始まるところで、少なくとも一週間は早起きをしなくてもいいと思うと、ホッとして身体から力が抜けていくようだった。それでも安穏としてはいられないことを私は知っていた。休み中に今まで読めなかった本を読もう、まず何から始めたらいいかしら。

中年の紳士が私の横に立っていることに気付いたのは、そんなことを考えながらボンヤリしている時だった。顔を見合わせた瞬間に何故かその紳士はハッとしたようだったけれど、置いてあった本を彼は自分のものだと言い、私は席を立って彼を窓際に座らせた。彼は私が持っていたブ厚いバインダーに目をやりながら、学生か、何を勉強しているのか、といったことを尋ね始めた。その訛りのない英語と喋り方に、この紳士は弁護士かしらと思いながらそれらの質問に答えていると、私の心の中が見えたのか、果たして自分は弁護士である、と彼は言った。そして紳士は少し遠慮がちに私が日本人であるかを問うた。見ず知らずの他人がナショナリティーなどを尋ねることを普通あまり快く思わない私なのであるが、時として素直に答えてあげたくなる瞬間がある。その時がそうで、いかにも、と明るく答えた私に彼は少しニコリとした。

「今日僕もダラムまで行くんだけどね、大学卒業以来初めてなんだ。僕はダラム大学の物理学部を出たんだよ…なぜ法律家になったかって？　とてもロングストーリーなんだけど、つまりはこうだ。物理が分からなく

なったんだよ…うん、君が言う通り選択肢はいくつかあるにはあったんだが、僕は法律家になろうと思ったんだね」

「つき合っていた女性がいたんだ。彼女は日本人だった」。彼は掛けていた眼鏡を外すと暫く車窓を流れる風景に目をやってから、眼鏡をまた掛け直して私に向き直った。「だけど、彼女の御両親から反対されてね。…外国人には娘をやれないってね。で、彼女は日本へ帰って、僕は他の女性と結婚したんだ。イギリス人さ。子供も三人いる。僕は弁護士としてうまくいっている」。彼はふっと息を吐いて、また、車窓の向こうを見た。「だけどね、たまに思うんだ。彼女、どうしているだろう。結婚したんだろうか。幸せなんだろうか」。彼はもどかしそうに閉じていた手のひらを広げた。

私は彼の話を時に頷きながら黙って聞いていた。実際、聞いてあげることくらいしかできそうにもなかったし、その紳士にとっても恐らくそれだけで十分であった。彼がその青春を過ごしたというダラムへ行くにあたって偶然にもそのダラムに住んでいるという日本人に出会い、十数年来の行き場のない思いを彼は自分でも思

いもよらず吐露してしまったに違いなかった。しかし、私は何か言ってあげたかった。

「She will be happy…as…you are.」私は彼を暫くじっと見ていたが、やがてその一言をゆっくりと言った。二つの瞳が眼鏡越しに私をすうっと見た。そして、少し潤んでくるのが私にも分かった。勢い込んで彼はまた喋り始めた。「アツコっていったんだ。よくある名前なのかな？　セタガヤってところに住んでいたんだよ、どこだか知ってる？」

車内放送がもうすぐダラムへ着くことを告げると、彼は感傷に浸りたいから、と車窓の方へ身を向けた。雑木林を抜けると、そこには見慣れた風景が広がっていた。こんなに美しい街はないよ、振り向き様にそう彼は言った。そして、彼はまた向きを変えながら誰にともなく呟いた。「いつかね、行かなくちゃと思っているんだ。…セタガヤへね」

9.　IN THE TRAIN (2)

　雑踏の中、誰かが私を呼んだようだった。夕方のラッシュ・アワー。列車の遅れの為ごった返しているプラットホームの人の群れ。懐かしい顔が笑いかける。「どうしてるの、最近」。ほんの数ヶ月しか経っていないのに、その僅かの時が二人の現在を違ったものにしていた。「じゃ、またね」。行き先の異なる列車に乗り込む友人に手を振って別れた後、私は空いたベンチにゆっくりと腰を下ろした。

　疲れたよ。日本語でボソリと呟いた私を隣で新聞を広げていた男性がチラリと見た気がしたけれど、私は気にしなかった。疲れていた。弱音を吐くのは嫌だったけれど、疲れていた。往復四時間かかる通学、帰りに買い物

をして、帰宅と同時に晩御飯を作り始める。食べ終わったら、片付けの後、手早くシャワーを浴び、本を読み、出された問題を考える。予習が思うように捗らなければ、まだ明けやらぬ朝方に起きてする。同じことを繰り返しながら、一週間が過ぎ、一ヶ月が過ぎ、一年が過ぎ。試験にパスした私には、また新しい一年が始まり、そして数ヶ月が経った。体力なんかとっくに使い果たして、あるのは気力だけだったけれど、その気力も萎えようとしていた。

　だが、列車に乗り込むといつものように本を取り出した。広げて読もうとするのだけれど、目は同じ行を何度も何度も追っている。明日までにしなくちゃいけないことが山程あるのに！　焦れば焦る程、頭には何も入ってこない。諦めて本を閉じ、そして目を閉じた。ガタタタン、ガタタタン。列車の振動音が空っぽになった私の中でも響く。ガタタタン、ガタタタン。その振動音を聞きながら私は知らず眠ってしまったらしかった。

　ふいに大きな声がして目を開けると、車掌が私を見下ろしていた。コートのポケットから定期券を取り出して見せると、彼は何も言わずに去っていった。溜め息をつ

き、私は座り直した。そして、暫くの間、私は車窓を流れる風景を追うとはなしに追っていた。退屈な風景がひっきりなしに流れて来ては消えていった。私は不透明な氷の上に幾日も寝かされている魚のような目をしていたに違いない。その目が突然何かに反応した。

　「ひつじ…」。目を凝らすと綿帽子のようにムクムクした羊達がヨークシャーの緑の上に跳ねていた。「あ、ブタも」。元気そうなブタ達が、いるいる、かまぼこ屋根のおうちの横に。

　ほうけたように、しかし、食い入るように私は目の前を流れていく自然に見とれていた。暮れていく夕日が美しいシルエットを投げかけていた。干涸びかけていた神経が少しずつその潤いを取り戻していくと、忘れていた感覚が徐々に戻ってきた。そして不思議に思った。どうして今まで気付かなかったのだろう、羊もブタもヨークシャーの緑もずっとそこにあったのに。そうか、毎日列車に乗り込むとすぐに本を広げていたから気付かなかったんだ。ほうっ、と私は長い息を吐いた。いつの間にオトナになってしまったのだろう。そういえば私は何かに感動するということをしなくなっていた。

ダラムの駅が近づいて来る。列車は雑木林の中を走っている。林を抜けると、ふいに広がった視界の中に大聖堂がそびえ立っていた。自信と威厳に満ちあふれ、夕暮れの空をつんざくように、そそり立っている。それは、いつもそこにある見慣れたはずの景色であったのに、私の目からは涙があふれ出した。なぜならば、とても美しかったから。

　今夜はすることがいっぱいだわ、でも、その前に熱いお風呂に入ろう。そして、また頑張ろう。小高い丘のてっぺんにあるダラム駅を後にしながら、私は思った。遠くに教会の尖塔が見えた。明日も晴れればいいな、バス停に続く坂道を下りながら見上げた夕焼け色の空に向かってそっと呟くと、一番星が少しだけきらめいたような気がした。

10. DAFFODILS

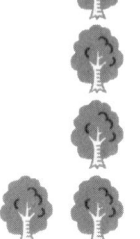

　イギリスに来て初めての冬。ある日、目覚めると広がっていた一面の銀世界に私はひどく興奮し、降り積もった雪に意味もなく足跡をつけたり、にんじん鼻のスノーマンをこさえたり、近所の子供達の雪合戦に参戦したり。別のある日には、生まれて初めて目にした樹氷に驚き感動し、もっと大きな樹氷の世界に身を置きたくて大きな木が立ち並んでいるところまでわざわざ出かけて行った。静まり返ったその世界の中、どこからともなく聞こえて来るような神秘的な氷の音楽。そのかすかな音の羅列が自分の内からのものか外の世界のものなのか、私には分かりかねた。だが、そんなことはどうでもよく、雪と氷に魅せられてそこに立ち尽くす私だった。

しかし、感動とはいつまでも続かないもので、数年も経つと、目覚めた朝に一面の銀世界なんかに出くわすと溜め息を吐くようになる。降り積もった雪の中、近くのバス停まで歩いていくのだって結構大変なのだ。バス停にたどり着いてもダイヤは当然乱れているので、いつ来るか分からないバスを白い息を吐き吐き待たなければならない。だから、はるか向こうの角を曲がってやって来るバスが小さく見えてきたりなんかすると、もう嬉しくて幸せで尻尾があったら振りたいくらいだ。そうやって何とか駅へ無事に着いたとしても、まさか、ここで列車が定刻運行しているとは思っていらっしゃいますまいな。

　雪の日がもはやウィンター・ワンダーランドでなくなると、イギリスの長い冬は陰鬱以外の何ものでもない。一日のうち何度も思い出したように降る細い雨。たまに感じる太陽も薄鈍色の雲の向こう。見上げれば、いつもそこにある白灰色の空。すべてを呑み込んで静まり返っているレンガ壁の家並み、その光らない窓ガラス。通りはいつも湿っており、人影もまばら。

　その陰鬱な風景が日毎に明るさを増していく。それが

イギリスの春である。長い冬の呪縛から突然解き放れたようなウキウキした感じが街いっぱいに満ちてくる。吹き抜けていく風はまだ冷たくても、見上げれば澄んだ青空が笑いかけてくれる。春だ、春だよ、春が来てるよ。そう叫んで飛び跳ねたいくらいの感動を春は持って来る。

　イギリスの春に私がまず思い浮かべるものは黄色いらっぱすいせんであり、黄色いらっぱすいせんに私が連想するのはイギリスの春である。つまり、私にとって黄色いらっぱすいせんとはイギリスの春の代名詞的存在なのだ。一進一退を繰り返してやって来る春という季節。たまの青空や、晴れた日のひだまりの中で、まだ春には早すぎるとは知りつつも時に騙され未だ来ぬ春を焦がれ待つ。お天気に誘われて、春まだ遠い一月にのこのこ這い出して来たハリネズミを私はあながち笑えない。そんなふうにぬか喜びを繰り返す私に決定的な春の訪れを教えてくれるもの、それがらっぱすいせんなのである。

　らっぱすいせんはイギリスの田舎なら道端にいくらでも見つけられる。花屋には勿論、イギリスの小ぢんまりした八百屋の店先にも無造作に段ボール箱に入れられ

て、輪ゴムでとめられた束ごとに売られている。道端の
らっぱすいせんに春を見つけ、店先のらっぱすいせんに
春を買って帰ろうと思う、イギリスの春を私はこよなく
愛するのである。

　もし、早春のヨークへ行く機会があれば、ヨーク駅を
背にして右に歩き出すことをおススメしたい。城壁を左
に見ながら、クリフォーズ・タワーまで歩いてみよう。
何の変哲もない道だけど、春には数えきれない程の黄色
いらっぱすいせんが風に揺れている。春とはいっても吹
く風はまだ冷たくて人々の服装も厚ぼったいままだけれ
ど、そこにイギリスの春があるのです。否、春が来てい
ることに気付かされるでしょう。

11. ADULT EDUCATION

　イギリスにはアダルト・エヂュケイションと呼ばれる市民講座があり、安価な受講料で語学、美術、料理からパソコン、エクソサイズ教室まで市民の幅広い興味とそのレベルに応じた様々なクラスが用意されている。イギリスに来ている以上英語を話すことがここでの生活の基本と思われているせいか、受講料タダの『英語が母国語でない人のための英語教室』というのもある。どうやらそんな類いの英語教室で意気投合したらしい在英外国人の奥さん同士が道端で仲良くお喋りしているのを見かけたりすると、私が住む日本の街にもこんな教室があるのかしら、あったらいいな、と思わせる。

　私がそんな市民講座の水彩画初級コースに入ったの

は、どうもヒマそうにしているふうの私を近所のおばば
が誘ってくれたからである。彼女はイギリスではたまに
出くわす行動派のおばばで、一日を忙しく過ごすことが
彼女の生き甲斐なんではないかと思える程いろんな教室
や集まりに顔を出し、その興味は外国語とここに住む外
国人にも及び、ゆえにその人脈は幅広く、彼女自身もそ
れを誇りにしているようなところがあった。そんな彼女
が二件先に越して来た東洋人を見過ごすはずはなく、
引っ越しが一段落ついてくつろいでいる私達の前に突如
現れ、自己紹介を済ませるやいなや私の家にぜひ遊びに
来たいのだがついては明後日はどうだろうかと切り出
し、私が頷くのを待ってじゃ明後日のお茶の時間にね、
と念を押して去っていった。彼女の与えたインパクトは
強く、私は扉を閉めるのも忘れて暫くそこに立ち尽くし
ていたくらいだ。

　ある日、今度は彼女の家でお茶を飲んでいる時、趣味
の話になった。絵は好きだけど本格的に習ったことはな
いのよね、と何気なく言った私の一言を彼女は聞き逃さ
なかった。「今からでも遅くないわ。そうだ、私が行っ
ているクラスに一人くらい入れる空きがあるはずよ。今

度行く時にスー（先生の名前）に話してみるわ」ということになり、「受講料さえ払えば今からでも入れるんですって。あなたは年金受給者じゃないから受講料の割引特典はないけど。コレ、申し込み用紙。数日中に出してよ！」と、話は進み、私はあっという間にアダルト・エデュケイションの裾野に組み込まれることになった。

「スーが必要なものを指定するから、何も買わないでね」ということで、本当に身体一つで行った私にスーが次のクラスまでに揃えるよう命じたものは、絵筆大小一本ずつに六色の絵の具と画用紙のみであった。十二色もしくは十八色の絵の具箱に小学生の頃慣れ親しんでいた私がつい「たったの六色でいいの？」と口を挟むと、「六色で十分、あと必要な色は混ぜれば出来るんだから買う必要なんてないのよ」という答え。周りをよく見ると、確かにパレットの上には数色の基本色しか載っておらず、そのパレットも、人によっては食器棚に寝ていたような皿を使っていたりする。そして筆洗いには皆申し合わせたように空になったガラス瓶を使っている。私は非常にイギリス的だと思った。つまり、不必要にお金を使わない、使わせないのだ。

絵のクラスは楽しかった。室内ばかりでなく、暖かくなると戸外へも飛び出した。春の花咲き乱れる庭園へ、向こうに菜の花畑が広がる河岸へ、少しうら寂しいボートハウスへ。持参する画板はお手製のものばかりで、私のように大き目のスケッチブックにクリップを付けただけのお手軽なものから、ブ厚い紙を何枚も貼り合わせて小さく空けた穴にヒモを通した本格派まで様々だったが、それぞれに各々のアイデアがあふれていた。
　講座への参加理由は友達づくりのためと思われる人も少なくないけれど、純粋に絵が好きで好きでという人もいて、そんなふうに幾つになっても情熱を持ち続ける人々に生涯教育の場が用意されていることを、私は素晴らしいと思うのである。

12. BABY SITTER

　イギリスでは、食事でもホームパーティーでも、招待を受けたら夫婦同伴で行くのが基本であるが、特別お子さんもと言われない限り、子供は招かれていないと思った方がいい。しかし、食事やパーティーの帰りは大抵夜遅くなるので、子供だけでお留守番というワケにもいかない。そこで登場するのがベビーシッターである。アカの他人を家の中に入れるのはどうも、とは普通誰もが感じることで、ベビーシッターには身元の確かな人が選ばれる。自分の親や親戚が近くに居れば彼等に、そうでなければ、知人や近所の誰か、もしくは彼等から紹介してもらった人に結局は落ち着くようだ。それで、これらの招待を受けたら、まずベビーシッターの確保を計るべき

であるし、招待する側なら、出来れば三週間程の余裕を
もって日時を伝える配慮が望まれる。

　そもそも、ちゃんとした親なら子供を夜八時前に寝か
し付けるのが当たり前といったふうの国であるからベ
ビーシッターにもそうすることが当然期待されているわ
けで、両親が帰って来るまで子供を遊ばせているような
人はベビーシッターとして失格である。とはいっても、
他の人が面倒を見ていると気分的に落ち着かなくてなか
なか寝付けないという子供もいるので、両親も知恵を絞
ることになる。

　私が以前住んでいた所の隣人夫妻は教育熱心で子供が
学校から帰って来た後もすぐには遊ばせず読み書き算数
等をさせているようだったが、時としてそんなことをさ
せないばかりか子供を夕方暗くなるまで遊ばせているこ
とがあった。そんな夜には決まって見慣れたベビーシッ
ターの車が彼等の玄関先に止まり、夫妻は連れ立って出
かけて行くのであった。話を聞くと、たくさん遊ばせる
とお腹が空くので夕食もうだうだせずに食べるし、お風
呂に入れると遊びの疲れで早く寝付くのだという。なる
ほど。寝ぬならば寝かせてみせようホトトギス、という

やつか。

　見ていて思うのだが、こちらのちゃんとした親は彼等の子供がちゃんとして見えるように気を使う。身だしなみ言葉使いから、食べ方咳の仕方にいたるまで、それはもうキチンと教えられている。こんなこと当然の躾かと思いきや、その当然の躾がなされていない日本の子供が思いのほか多いのに失望させられる身にとってはオドロキである。前出の夫妻には子供が二人いて、一度ケーキを作ったからおいでと誘った時のこと。子供達は家に来るとまず靴を脱ぎ、揃えて置いた。お行儀よく座った彼等に何を飲むか尋ねると、オレンジジュースに、「プリーズ」をつけることを忘れない。そして、ジュースを受け取ると「サンキュウ」。遊ばせようと思って部屋の隅に置いていたゲームに気付くと、「食べ終わったらあれで遊びたいんだけど、そうしてもいい？」と聞く。しかしもっと感心したのは、当時四歳だった次男坊がケーキなど出したものを綺麗にフォークを使って、しかも、ひと粒もこぼさずに食べたことであった。これが日頃の親の躾でなくて何であろう。

　先日、別の夫妻を食事に招いた。彼等は当然子供三人

をベビーシッターに預けて夫婦だけでやって来た。聞けば、観劇にも子供を預けて二人で行くこともあると言う。

　イギリスの家庭は程度の差こそあれ大人を中心に回っている、と思う。子供が核になりその周りを大人が取り囲んでいる最近の我が国の家庭のあり方を批判しているわけではない。子供をベビーシッターに預けて夫婦で観劇したいなんて、第一、思っていても口に出せない状況があったりする。それでも、イギリスでシェークスピアやオペラの観劇に小さな子供を連れた東洋人に出くわすと何か落ち着かない。マチネ（お昼の上演）だってあるのだ。わざわざ七時以降に始まる夜の上演に連れて来る必要があるのかなと感じるのは、きっと私だけではないはずだ。イギリスでは大人の世界に子供がいることを嫌う人も少なくないことを知っておいた方がいい。

13. HOUSE HUNTING (1)
借家探し

　私達がイギリスに来てまずしなければならなかったことは家探しであった。家探しとはいっても右も左も分からない段階で、看板を見て飛び込んだ不動産屋の主人が薦める幾つかの物件を一度きりずつ見ただけで安直に決めてしまった。

　走れそうなくらい広いリビング・ルームの真ん中には大きな暖炉があり、これまた広いキッチンには冷蔵庫が二つに洗濯機のほか乾燥機まであった。それに三つのベッドルームと広い屋根裏部屋。不動産屋の主人によれば比較的治安の良い場所だという。まずは家が決まらないことには、という思いも加わりその日のうちに賃貸契約書にサインをして一ヶ月分の家賃を前払いし、その一

週間後にはそこに移り住むことになった。

　この選択が間違いであったことに気付くのに一ヶ月もかからなかった。セントラル・ヒーティングは付けられていたが、リビング・ルームは広すぎて季節は春であったにもかかわらずいつも寒々としていた。暖炉は修理が必要で、すべての部屋のドアというドアはキチンと閉まらず、少し激しい雨が降ると庭に張り出した台所では雨漏りがした。イギリスでは子供を早く寝せるので夜九時以降に子供を見かけることはまずない、と聞いていたのに、見ると自転車に乗った子供達が遊んでいる。それも一人二人じゃない。不思議なことに、普通は台所にあるセントラル・ヒーティングのボイラーがその家では私の寝る部屋にあったのだが、そこで寝ると頭痛がし非常に疲れる上に息苦しいこともある。そこで、ガス屋を呼ぶと微量だがガスが漏れていると言う。当然その場で修理を依頼したのだが、もうたくさん、引越そうとその時私は決心した。しかし、どこへ？

　これはと思うような借家を探すのは易しいことではない。イギリスのように中古の家の市場が大きい場合は尚更である。賃貸契約の仲介は多くの不動産屋にとってメ

インの仕事ではないし、物件もかなり限られる。その限られた物件の中から、自分の好みとサイフの中身に合う物件を探し出すのは非常に難しい。おまけに、清潔で必要なものがすべて備え付けてあって車庫もあって庭の手入れも行き届いていて治安がいいエリアにあって値段もそこそこでできれば外観も良くて、なんていう物件を皆がほっとくはずがない。

　特定曜日になると不動産情報を載せる地方紙を買い、地元の不動産屋には片っ端から飛び込んで借家リストなるものを貰い、これはと思う物件をチェックして中身を見せて貰えるように電話で連絡をとる。今日こそは、と意気込んで行くのだけれど期待はいつもしぼんでしまうのだった。大体、何の後ろ盾もない個人がイギリスに来た場合、どこがいいエリアかを知ることだって簡単ではないのだ。不動産屋の主人の言を鵜呑みにしてはいけないし、アナタの周りにいる人達の言うことだって百％アテに出来るとは限らない。結局、いろんなエリアに出かけて行きそのエリアの空気を肌で感じることが、面倒だけれど一番確かなことのような気がするのだ。それに、住むエリアを決めれば物件はおのずと決まってくる。

住みたいエリアを決めた私と主人は暇さえあると緑が多いそのエリアへドライブに出かけた。いつの間にか季節は夏になっていて、お天気の日などはキラキラと光をはじいて風に揺れる緑を見るだけでも気持ちが良かった。そんな夏のある週末、不動産情報誌に載っていた物件を見に行った。それは一目惚れであった。その頃までには、私はもう数えきれない程たくさんの家を見ていたし、その度ごとに失望させられていたので何の期待もせずに行ったのだが、その家の外観を見た瞬間、私の身体の中にスパークが走った。コレだ！　…にもかかわらず、私は迷った。フリー・ファーニッシュド（必要だと思われる家具・家電品が全て備え付けてある）じゃなかったのだ。ああ、人生ってうまくいかないものね。

14. HOUSE HUNTING (2)
いざ、家を買わむ

　家を買おうと決心したのは消極的決断であった。思うような借家が思うような家賃で見つからなかったからに他ならない。考えてみれば、借家に住んでいても電気ガス水道からカウンシル・タックスまで払っているのだから、月々のローンの支払いが家賃より安ければ家を買った方が単純計算ではトクということになる。しかし、借家の気楽さは捨て難い。要求されることといえば賃貸契約書上のサインくらいで、弁護士が絡む手続きも無いし、その借家が空いてさえいれば今日明日に移り住むことだって夢じゃない。実際にそうすることが易しいかどうかはさておいて、気に入らなければ出て行けばいいという気楽さもある。加えて、家を借りる時だっていろん

なことに十分気を使うけれど、家を買うとなるとそれとは比べものにならないほど神経を使う。おまけに、家を買うということはそこに一生住まない限りいつかその家を売りに出す日が来るということだ。その時には弁護士費用だけでなく不動産屋に払う諸費用エトセトラを負担しなければならない。大体、早ければ二、三年後売ろうとした時にスンナリと損せずに売れるかどうか定かでないのだ。そんな不確かで面倒で神経を使わねばならないことに足を突っ込みたくない、という心情とは裏腹に私は家探しを始めることになった。

　まずしなければならない決断は、希望するエリア、家の種類、ベッドルーム数である。これらの条件は家の値段と密接に結び付いているので、現実的な選択が要求される。逆に言えば、いくらくらいの家を買いたいかを決めればこれらの条件はおのずと決まってくるので、これが不動産屋の最初の質問になる。

　家の種類は大きくデタッチド、セミ・デタッチド、テラスドに分けられ、順に、一軒家、二つの家が真ん中の壁でくっ付いている家、三軒以上の家が一列に壁でくっ付いている家のことである。テラスド・ハウスの中では

エンド・テラスドと呼ばれる両端の家を好む人が多い。都市ではフラットも選択肢の一つに入ってくる。この場合はそのフラットの建物全体における位置によって表記されるのだが、注意したいのは「庭付きを好むか」という質問である。これに対する返事がイエスなら、当然地階のフラットを薦められることになる。しかし、セキュリティーに問題があるからと地階を好まない人も少なくないこと、加えて場合によっては半地下の物件である可能性もあることを知っておきたい。

　中古の家市場の大きなイギリスでさえ納得のいく値段の納得のいく物件に出合うことは容易でない。百年前に建てられた家をビクトリアン、それよりも更に時代が遡ったものをジョージアンだと自慢するお国柄であるから、建物自体の古さはこの際よしとしよう。しかし、私はモダンなキッチンでなければイヤだ。これが思いのほか高いハードルなのである。

　とにかく試行錯誤の連続で、住みたいエリアは二転三転する。家探しに必要なものは情報と時間とそして忍耐である、と思う。決断力も要る。うかうかしていると他の人に持ってかれてしまう。同じイギリスでも北の方は

案外のんびりしているが、南に来ると時計の針が早く回っていくようで、やっぱり一週間前に見た物件にしようと一大決心をして電話をすると「ああ、その物件ならもう売れましたよ」と言われることが多い。

　私達がその物件を見つけたのは偶然だった。その日いつものようにぐるぐる回っていて見つけたのだ。ここでは売家であることを知らしめるサインポストが物件の前に立つ。興味ある物件があれば携帯電話で立札に書いてある不動産屋の電話番号を回せばいいのだ。夏の日の七時を少し回った頃、物件を見ることになった。庭に出ると心地よい風がからだを包み、芝生にはやさしい日差しが降りそそいでいた。これにしよう、と決心した。

15. HOUSE HUNTING (3)
　　家を売りたいのは分かるんだけど…

　春、復活祭前になると売家であることを示すサインポストがここそこで見かけられるようになる。これから九月までが所謂不動産売買のシーズンで、この時売れ残るとその物件は売れないままに冬を越すことになることが多い。実際は次のシーズンがきても、そんな物件はなかなか売れないのだ。俗に言う売れる物件と売れない物件との違いはその物件が三ヶ月以内に売れるか否かであると言われる。ゆえに市場に三ヶ月以上あるものは売れない物件の烙印を押されたも同然で、人々はそんな物件を買い控える傾向にある。また七、八月になると人々はサマーホリデーへと消えてしまうし、八月になると担当弁護士ですらホリデーに消えてしまいすべての手続きが

滞ってしまうということはよくある話なので、その前に何とかしようと買う方だって必死だけれど、売る方のそれはもっと切実だ。

　週末は物件探しということが日常化していたある夏の朝、私達はいつものように物件を見に出かけた。不動産屋に鍵を預けてある場合は別として、そうでない場合には家を見に行った折にそこの家人と顔を合わせることになる。そこでは夫人がテキパキと家の中を案内してくれた。最近改造したというキッチンは趣味が良くて機能的であった。今日の予定は、と夫人が尋ねるので私は正直に答えた。ほんの数十分後に他の物件を見るように手配がなされていた。何処にある物件かと夫人が更に尋ねるので、深く考えずに通りの名前を口にした。後で気付いたのだがその通りで売りに出ている家は一軒のみで、近くに住んでいる夫人には容易に物件を特定することができたらしかった。彼女の表情は一変し、眉をつり上げ炎を目に宿して叫んだ。「あの家よりこの家の方がいいのよ！　中身だってキッチンだって庭だってね！」彼女はふるふると怒りに震えて私を見据えた。何処からともなくすっ飛んできた彼女の夫が夫人の肩を抱くと今度は今

にも泣き出さんばかりにして、それでも私を見据えていた。気持ちは分かるんだけど…。疲れるのよね、こういう御夫人。

　数十分後。その物件の中にいた。基本的には同じ造りで、いじりまわされていないその家の方がむしろクラシカルな雰囲気を残していた。芝生のスクエアの周りに家がゆったりと立ち並んでいるのは前の物件も同じだったが、このリビングからの眺めは特に素晴らしく、夏の朝の明るく新鮮な光が緑いっぱいに降りそそぐさまを眺めているだけで心が洗われるようであった。と、そこにさっきの夫人が。旦那の手を引いて、家の中を覗き込んでいる。偵察に来たに違いなかった。心の中で長い溜め息を吐くと私はくるりとその家の奥さんに向き直った。そうだ、バスの便を聞いておかなくては。交通の便がいいことは車の運転をしない私にとって家を買う際の絶対条件なのだから。「あそこにバス停があるからバスの便はいいんじゃないかしら」と、彼女は答え、遠くに見えるバス停を指差した。

　私達はその家を買うつもりであった。値段の交渉もスンナリいきそうであった。おまけにそこの売主夫婦が気

さくで人が良さそうに見えたことも心理的にプラスであった。だが、結論を迫られたその時、何か胸騒ぎのようなものが私を引き止めた。交通の便を聞いた時に車の運転はしないのか、バスを毎日使うつもりなのかと、彼女から逆に質問されたことをふいに思い出し何故か気になったのだ。調べ直すとバスの便は一日数本しかも遠距離路線のみ。いいエリアには違いなかったが、陰では陸の孤島と呼ばれていた。そこに十数年住んでいた彼女がこれを知らなかった筈はない。

　しかし。売主が家を売りたくていろんなことを言う。それが事実と違っていても、イギリスでは売買契約書上免責扱いする旨を文言として盛り込むことが常なので、売主には法律上責任がないと主張されることが多いのです。あとから後悔したくない方は、売主の言うことが本当に事実と合っているかどうかをちゃんと調べましょうね。

16. HOUSE HUNTING (4)
    アナタの家は買いたくない！

　買いたくない家というのがある。まず、家自体に何か問題がありそうな家。セントラル・ヒーティングがうまく働いていなさそうな家、何かニオウ家、隣人と境界線でもめている家。1970年代そのままの内装の家。ヒッピーの時代は終わったのだ。学生がシェアした家。イギリスではそんな物件は悪いと相場が決まっている。だから不動産屋もなるべくその事実を隠そうとするのであるが、そんなものはスグ分かるのだ。家中のドアはよく閉まらないし、カーペットは薄汚れていて、家のデコレーションはバラバラ、同じ部屋の壁紙或いはカーペットですら時として統一されておらず、庭へ出るとさっきまで芝生だと思っていたものが実は雑草だということに気付

かされる。おまけにあのトイレとバス！　長年の汚れを一度洗剤をかけたくらいでごまかせると思うのは浅はかだ。

　家自体には問題がないけれど、やっぱり買いたくない家もある。

　その家はリビングが南向きのデタッチド・ハウスであった。これにしようよ、と言いだしたのは私であった。私達は週借りの家にもう二ヶ月も住んでいてその費用もバカにならかったし、何より家探しに疲れていた。特別悪くもないが特別良くもないその家に相場以上の金額を支払うことに渋々合意したのもそのためであった。しかし、ホッとしたのも束の間、再び電話が鳴り不動産屋曰く「同意した金額だとクッカー（ガスレンジとオーブンとがひとつになったもの）は入っていないと売主が言っている」。確かに私はクッカーのことを個別に尋ねなかった。しかし、備え付けのキッチンが値段に入っているかどうかを尋ねた時、そうだと頷いた彼等だって特別クッカーのことには言及しなかったのだ。

　プロの仲介屋なら先方の言うことを伝えるだけでなくてプロの交渉をしろ、と私の怒りはまず不動産屋に向け

られた。そもそも、イギリスの不動産屋は売主から売れた金額の何％という形でコミッションを貰うので売主有利に交渉を運ぶ傾向にある。それはそれとして少しでも交渉をすれば納得もいくというものだが、子供の使いよろしく売主の出した条件をただ伝えるだけの不動産屋とは付き合いたくないし優良物件でも買いたくない。

「幾らでクッカーを買わないと家も売らないと言っている」、と再び不動産屋。私達の足下を見てあくまで強気の売主と、なるべく高値で買わせようとする不動産屋と。彼等は疲れきっていた私達がまた一から探し直そうとは思わなかったに違いない。サインポストと物件情報誌上の表示を早くもSOLDに換えていた彼等。交渉破棄に何を思ったろう。

別の家。そこの主は私達を家に招き入れるやいなやソファーに座らせ、いかに彼がその家に金銭を投入したかということを彼がしたその家の改造にそってエンエン三十分もレクチャーした。やっと彼の話が終わって中身を拝見すると、講義中にはつまびらかにされなかった事実が目の前に顕われた。つまり、改造計画は全て取りあえず執行された模様ではあるが一部完成を見ないまま放り

出されたという点で、むき出しの木材にシンクが載っかっているだけの台所に私は一瞬我が目を疑った。おまけに、数件先の同じ構造の家が幾らで売れたから同額でなければ交渉には応じないの一点張り。しかし、彼が言及した家の方がもっと大きくてサンルームまでついていること、彼が言った価格よりずっと安く売れたことを私達は知っていた。誰が狭くてヘンテコ台所が付いている彼の家をもっとお金を出して買う気になるだろう。馬鹿らしくなって私達は交渉を中断した。だが、彼と不動産屋は何を根拠にか私達がその物件を買うとタカをくくっていたらしい。数週間後、他の物件を買うことにしたと報告した折の彼等の焦り方といったら滑稽なくらいであった。

　そこに法的に有効だと認められる契約が存在しない限り、売主にだって売家義務はないけれど買主側にも購買義務が生じないことくらい、知っておくのも悪くない。

17. HONEY, MY SWEET

　二月十四日、ここでもバレンタイン・デーは一大イベントである。恋人に花やチョコレートを贈る習慣はそもそも聖バレンタインに由来するクリスチャンのものであった筈だが、いつの間にか世界規模のお祭り行事となってしまった。チョコレート会社の商魂のたまものか我が国では義理チョコなるものまで出現するに至ったのだが、女性が男性にチョコレートを贈るという構図はいつの間にでき上がったのだろう。

　イギリスでこの日、チョコレートを花束に添えて贈るのは男性の方である。チョコレートでなければならないということもなく、香水や化粧品、ジュエリーと女性が好むものならば何でも良いので、関連業界はここで売上

げを伸ばそうと躍起となる。

　花を忘れてはならない。愛しい人に花を贈る習慣の根付いている国だけに、この時期、花の価格は暴騰するけれどこれを省略してはいけない。二月十四日朝、『バレンタインに花を贈らない恋人をどう思うか』というテーマの討論がその日のニュースのトピックとしてなされていたけれど、そこに登場した女性達は花束ナシのバレンタインなど考えられず花も贈らないような恋人には我慢ができないということで一致したようであった。

　このように愛を贈られることを期待しているのは既に釣られた魚とて同じことである。バレンタインは若者だけのイベントではないのだ。世の男性諸氏、釣った魚が他の釣針に食いつけば良かったと後悔しないように日頃の愛をカタチにしましょうね。

　ところで、イギリスの男性はよく教育されている、と思う。エレベーターの乗り降りの際、女性に先を譲ることは常識。列車やバスに乗ったら席を確保した後、妻が来るまで立って待ち、彼女を窓際の席に座らせてからおもむろに着席。抱えきれない程の荷物を持たされても愚痴をこぼさない。出された料理は文句を言わず何でも残

さずに食べる。とにかくスゴイ。これらは常日頃からの訓練なのだろうか。

　買物、料理、食事の後片付けは女の仕事、なんて思っていると意識改革を迫られる。夕暮れ時のスーパーでは、仕事帰りの男達が恐らくは妻から渡された買物リストとおぼしきものを片手にショッピング・トローリーを押していく光景に出くわす。以前近くに住んでいたお宅では、皿を洗う専業主婦の奥さんの隣で皿フキをしている弁護士である旦那さんの姿をよく見かけた。法律学校で机を並べて学んだ友人の夫も弁護士であったが、夕食は毎日彼が作るの、と言っていた。私が羨ましがると彼女はその幸せそうな顔を更に幸せそうにして曰く、「彼の方が料理が上手いし、何より料理するのが好きらしいの。彼の方が帰宅が早いから、ゴハンを用意して待っていてくれるわ」。…いいなあ。

　そういえば自分の奥さんに後片付けをさせるとディッシュ・ウオッシャーにかけてしまいその電気代もバカにならないので自分が皿を洗うと言った大学教授もいたけれど、買物と料理も彼がすると言っていたっけ。

　出勤前の犬の散歩、庭の芝刈り、日曜大工、深夜の赤

ちゃんのオムツ替え等々、男性の仕事をあげつらえばキリがない。私は以前あの切草の匂いが好きで芝刈りをしていたのだが、近所のおばばはそうは思わなかったらしい。男の仕事をか弱い女（私のことです）に押し付けているとみた彼女は主人をつかまえて説教をたれた。また、一口に日曜大工と言っても、私達が想像するそれとはかけ離れている。バス・ルームにシャワーを付けるのだってタイルを貼るのだって日曜大工のカテゴリーに当然入っているものなのだ。

　そして、クリスマスには贈り物を。誕生日、二人の記念日、バレンタインには贈り物に添えて花束を。イギリスの男達は大変なのである。比べて女性達の優雅気ままなこと。

　ああ、私もイギリス人になりたい！

18. PET, PET, PET

「彼女が病気だから…」「それは大変だねえ…」という知人達の会話を漏れ聞きしてしまった場合、彼の娘か奥さんが病気なのかと早合点してはいけない。人の話は最初から最後まで聞いた方がいい。彼女という代名詞が彼の愛犬を指している可能性もある。何故か愛犬はメス犬であることが多いのだ。その愛犬が病気であることを理由に約束を変更されても憤ってはいけない。その約束事がどんなにアナタにとって重要であったとしても、である。これは彼らの一大事なのだ。外部試験官の愛犬の病気の為に博士課程口頭試問を延期され、お陰で卒業が半年ずれたという輩もいる。どうやら、こういうことは普通に起こりうる事柄であるらしい。

イギリス人の動物好きは言わずと知れたことで、ペットは家族並みの扱いを受ける。主人と寝起きを共にし、散歩だけでなく車でのお出かけの際にも主人のお供をし、クリスマスにはプレゼントを貰い、居間には写真がフレームに入れられて家族写真のそれと仲良く並べられる。主人の遺産を貰う犬もいるし、アメリカ留学をさせてもらう犬もいる（しかし、私の知るその犬は、主人の期待空しく落第して帰って来た）。

　国内旅行などはとっくに経験済みで、列車に乗ったことがあるペットだって数知れず。当然と言うべきか、ここでも主人は愛犬と車両を共にする。もっと正確に言えば、自分の座席近くの床にヒモを付けた愛犬を座らせる。小犬だとテーブルの上や座席に座らせる飼主だっている。あれはブランド物のボストンバッグをテーブルや座席の上に置いて平然としている日本人と同じ感覚なのだろうか。本人がそれらを大切にしているらしいことはいずれの場合にも傍目に明らかではあるけれど、犬には犬の、ボストンバッグにはボストンバッグのあるべき場所があると私などには感じられるのだが。

　普通は昼間の空いている時間帯を選んで移動するよう

だが、金曜日夕方の特に混み合っている列車に、それも相当大きな犬を連れて旅行中の御主人に出くわすこともある。混み合っているのに皆が素通りしていく座席には気をつけた方がいい。座席シートがはずれていたり、ジュースがこぼれていたりと、理由は様々であるが、犬であることもある。ラッキーとばかり腰を下ろした途端に何か温かいものを脹ら脛に感じて飛び上がった経験が、私には二回ばかりある。犬は嫌いじゃないけれど、ココロの準備が時に必要だ。

　長時間の旅になると犬だってトイレに行きたくなる。普通は飼主が気を配り頃合いを見計らってトイレへ連れて行くようだが、飼主がそうすることを忘れていたのか突然犬が列車の乗車口向かって走り出すことがある。主人が待てと叫んだって、犬には犬の都合というものがある。しかし、乗車口附近にあるトイレへたどり着く前に今度はふいにカーペットが敷きつめられた通路にしゃがみ込んで動かなくなってしまう場合もあったりして、同じ車両の空気に包まれている私を落ち着かない気分にさせるのだ。

　そうやっていろんな面倒を承知で旅行に連れて行くの

も、ペットが家族の一員であるとの理解に立てばこそ。だから、国内だけでなく海外旅行にも連れて行きたいと飼主が考えるのはむしろ自然なことなのであろう。そんな飼主の意をくんでか現労働党政府は、ペットにもパスポートを発給することにした。ペットの国外持出しを狂犬病予防の観点から禁じていた既存の法律にメスを入れ、アイデンティティーを確かめるためのマイクロチップをはめこみ狂犬病予防のワクチンをしさえすれば、行き先に制限はあるもののペットも御主人様の海外旅行に晴れて同行できる運びとなった。さすがイギリスは違う。ここでは「ペットにパスポートなんて」などと不粋なことを言う輩はいないようだ。

　しかし…移動中のペットのトイレ事情や如何に？

19. ANIMAL RIGHT

　動物愛護の精神はイギリス社会に浸透しており、人権ならぬアニマル・ライトは広く認識され、よって、動物愛護団体の声は無視できない程に大きい。英語で言うところのウェルフェア（福利）という単語は人間だけでなく動物にも使われる。

　このような状況にあっては当然の成行きと言うべきであろう、イギリスでは動物を殺生する研究者にはその資格が要求される。また、動物があまり苦しまないやり方で必要最小限数のみ殺生することが義務付けられている。動物実験自体の是非をめぐってもケンケンガクガクの議論はなされ、反対論者の一部には動物実験を行う研究者達に小包型爆弾を送り付けるアニマル・ライト・ア

クティビストと呼ばれる過激派もいたりして世間を騒がせている。

　ところで、ここの動物愛護団体は定期的に話題をお茶の間に提供することを心掛けているのだろうか、彼等はしばしばテレビに登場する。彼等の主張によると、チンパンジーにも六歳位の子供と同等の権利を付与すべきものらしい。チンパンジーは六歳程度の子供の能力を有し、その遺伝子のほとんどを人類と共有しており、その行動しぐさはその年頃までの子供のそれと似通っているというのがその理由付けであったが、これに対する反論が面白かった。コメントを迫られた教授某曰く、「確かに人類は98％の遺伝子をチンパンジーと共有している。が、その半分はバナナとも同じ遺伝子である。ということは、バナナにも人間の持っている権利の半分を付与しなければならないということかね？」私はこのコメントに思わず吹き出したのだが、彼等はどっこい大真面目なのである。

　お次はロブスターであった。活きているまま調理をすると伊勢エビにとてつもない苦しみを与えるのでアニマル・ライトを哺乳類だけでなく伊勢エビにも与えよう、

ついては特別なタンクで意識不明にさせてからの調理を義務付けようというのが彼等の提案。テレビの映像には煮立ったお湯につけられている伊勢エビの姿があったのだが…。活きたエビをお湯につけるどころか踊食いまでする日本人を彼等はどう思うのだろう。

　動物の福利の達成を目的とした団体（その最も有名なものがRSPCA）も存在し、文字どおりの活動をしている。テレビで彼等の活動を追う番組をやっていたので観ていたら、RSPCAの職員となるにはまずそれに相応しい知識を有することが求められ、晴れて職員となった暁にはケガをした動物のレスキューからホームレスになった犬猫の世話は勿論、動物の福利に関与するありとあらゆる諸問題を一手に引き受けなくてはならないらしいことを知った。しかし、私には少し気になったところがあった。

　その日彼等はある老人の家に向かった。近所の住民からその老人がゴミを処理しないのでとにかく臭う、しかも非衛生的である、おまけにそんな中でペットを飼っており散歩にも連れ出さないので庭は糞だらけであるとの苦情が寄せられたからだ。「衛生に問題があるので…」

と切り出した彼等に、第一次世界大戦を戦ったというベテランのそのご老人曰く「わしの健康はな、わしが守る。お前らに心配されたくないわい」。これに対する彼等の返し。「私達が心配しているのはあなたの犬です、あなたじゃありません！」

　動物の福利達成はそれ自体大切な事柄であるし、彼等は彼等の職務を彼等なりのやり方で遂行しているだけに違いなく、私はそれをどうこう言うつもりは全くない。しかし、私はイギリスにいて時に奇妙な錯覚に捕らわれるのだ。あまりに動物の福利に躍起になってやしないか。私の目には、その老人だって福利向上の対象にされるべきものと見えたのだが。彼の福利はその犬に対するそれと同じ位の情熱と積極性でもって守られているのだろうか。そんなあらぬ思いが、ふと、私の中をよぎったのだった。

20. OVER THE TREE!

　イギリスへ来て間もない頃、私は所謂クローズにある家に移り住んだ。クローズというのは行き止りの道を数件の家が囲むように立っているところのことで、言ってみれば小さなコミュニティーを形成している。私の住むそのクローズには八軒の家と八つの車庫、それに八つのパーキング・スペースがあった。

　隣人同士概ね仲は良かったけれど、些細なことからその仲がギクシャクし始めた。原因はパーキング・スペースだった。不動産屋によれば、住人とその客人の為の駐車場で各家庭一スポットしかしどのスポットを使ってもいいという説明だったけれど、私達が引越した時点で誰がどこを使うという暗黙の決まりが既に存在しているよ

うだった。

　イギリスでは車を一家庭が数台所有することは珍しくないが、問題は時に所有する台数に等しい駐車場を持っていないことにある。暗黙の決まりがクローズ内における車数の増加等により機能しなくなると駐車場の争奪戦が起こった。各々がご都合主義の権利論をはき、特定スポットを占有したり、一家庭で数スポットを分捕ったり。取ったり取られたりは続き、それが特定持主による特定スポットにおける所有或いは権利の主張へと繋がり、遂には一部による特定スポットの実質的囲い込みという事態に進展するに至った。

　なるほど歴史における囲い込み運動もかくあらんや、と感心している場合ではなく、火の粉はすぐに私の身の上にも降りかかって来た。その頃の私は運転免許すら持っていなかったのだが、私のところにも車に乗った客人はやって来る。駐車場のことでクローズ内の空気が極度に張り詰めていたある日、近くに住む友人が遊びにやって来た。空いている駐車スポットが一つあったので、何も知らない彼女は当然そこに車を停めた。そこを二軒隣のおばばが常日頃から自分のものだと主張してい

たのは知っていたけれど、以前不動産屋に事実を問合せた時「そんなことはない。どこに停めてもいいんだよ」という返事だったこと、加えてそのおばばがホリデーで留守だったこともあって私はさして気にしなかった。

　だが、そのおばばが突然戻って来たものだから様相は一変した。直情型のおばばは彼女のスポットを不当に占領している車の主が私の客人だと知るとすっ飛んできて、口から火を吹きそうな勢いで応対に出た私にまくしたて始めた。初めは穏やかに事情を説明していた私も、彼女が奥から顔を出した私の客人にまで文句を並べたてた挙句、「モタモタしてないで早く動かしなさいよ！」と怒鳴るのを聞かされては冷静でいられなくなった。

　初めて私は他人と口論をした。美しく言えば意見を戦わせたということにもなろうが、そう言うには私も彼女も熱くなりすぎた。それは彼女が私だけにならまだしも、私の客人にまで失礼だったためと、そして何より黙っていると他人の権利に自分の権利が侵食されてしまうという事実に目を見開かされたからであった。友人に車を動かしてと頼むのは簡単なことだけれど、その時そこから動くのは車だけではないことに気付いたのだ。

それはお天気の日曜の午後で、玄関先の私達のやり取りをクローズ中が息をひそめて見守っていたに違いなかったのに、誰も私達の間に割って入る者はいなかった。

　私達のやり取りは平行線のまま終わった。彼女は私の権利にはどこまでも無関心で自分の権利だけを声高に主張し、とにかく動かせの一点張り。だけれども駐車場は満車状態、この状況でどこに動かせって言うの？と尋ねた私に彼女は答えた。「I don't know. Well, over the tree!」そして彼女が言う木の向こうとはクローズの外を意味していた。

　あれから五年の歳月が過ぎた。今では、後日、花を持って詫びに来た彼女をさえ懐かしく思い出すのである。彼女とこの日の出来事が、自分の権利は自分で守るものだという当り前のことを私に教えてくれた。そう、この日のことは生涯忘れえない思い出である。

21. HOUSE TROUBLES

　イギリスではよく新築の家に住むものじゃないとやや自戒を込めて語られる。が、実のところ私もこの言葉の意味を本当には理解していなかった。
　「まず、家中の窓と扉がちゃんと開閉できるか確認すること。次に、水道ガス電気が使用可能かチェックすること。あ、それから、水道の蛇口という蛇口は全部ひねってみてくださいね。トイレも使えるかどうか確認しておいた方が良いでしょう」。不動産売買担当のその弁護士は私達が新築を買うのは初めてだと知るとこうアドバイスをした。彼女が真顔だったので私もフンフンと頷いてみせたけれど、私は内心苦笑した。中古ならともかく新築物件で、窓が閉まらないとか、水が出ないとか、

そんなことあるワケ？

　それでも、言われた通りに取りあえずやってみると、開かない窓はあるわ、閉まらない扉はあるわ。特に水道については未だ工事さえなされておらず私達を慌てさせたのだが、明後日の引越し当日には必ず使えるよう明日中に工事するという説明を受け、多少気になりはしたものの、どのみち彼等はこの分野のプロなのだから何とかなるだろうという甘い発想と、ただでさえずれ込んでいた入居期日をもうこれ以上延ばせない私的外部要因もあり私達は彼等の言に従うことにしてその場を後にした。

　そして引越し当日。家中の蛇口をひねっても見事に一滴の水も出ず、当然トイレも使えない。時計を見ると既に午後二時半を回っている。その日は初冬の金曜日で、こういう日には普通の工事人は三時を過ぎるといつの間にか何処ぞへと消えてしまう。加えて、お抱え工事人である彼等は週末には通常働かないときている。つまり、今ここで何とかしなければ水道とトイレを使えないまま月曜日の昼過ぎまで暮らすはめになる、と判断をした私はちょうど近くを取り掛かった現場責任者にどうしたことかと詰め寄った。しかし、彼は動じた様子もなく今か

ら水道工事人 (プラマー) が来るからそんな心配は無用だと涼しい顔をしている。ここで彼とできるのできないのと議論をしたところでしょうがない。そんなことは数時間中に分かることなのだ。それに、私だって実のところ、彼の言が正しければいいと願ってはいるのである。「じゃあ、私はコトの成行きを見物させてもらうことにするわ」。ニコリと笑いながら、でも、尖った物言いをするに私はとどめた。

　プラマーは頑張った。早く帰りたいのだろう、時計をチラチラと見ながら、それでも六時近くまで仕事をした。蛇口からは砂混じりの水、そして結局、そんな水道も全部使えるようにはならず、三つあるトイレも階下のものしか使用可能にはならなかったけれど、今日はこれでいいよ、という思いやりにあふれた主人のお陰で彼は私から解放された。

　翌日は土曜日だったが、現場責任者がプラマーと一緒に家の前にいた。昨日やり残した仕事をしに来てくれたに違いないと早合点して声をかけると、彼等が訪ねたのは私達同様昨日入居した隣家で、聞けば驚くことに隣家の水道とトイレは未だ全部使用不能状態だという。アナ

夕達の状況は、だから、いいんだよと彼等が言うので一瞬そんなものかと取り込まれそうになったけれど、よく考えるまでもなく、それもこれも事前に工事を済ませなかった彼等が悪いのである。ま、とにかく、そんなこんなで、水道とトイレが全部完璧に使えるようになるには、それから更に数週間を要したのだった。

　それだけではない。セントラル・ヒーティングからは凄まじい音がして、私達は毎朝この音で叩き起こされた。いろんな工事人が入れ代わり立ち代わりやって来ては、その都度、もうこれで完璧だと太鼓判を押して帰るのだが、同じ言葉を私は半年間聞かされた。

　しかし、どうも私は懲りない性格のようで、あれから更なる月日が経ち苦々しい記憶も薄れた昨今、新築物件のパンフをサカナに熱いお茶を楽しんでいる。

22. GREEN HANDS

　クリスマスが過ぎ年が明けると、ふと日差しの変化に気付かされる。チャイニーズ・ニューイヤー(陰暦の正月をイギリスではこう呼ぶ)を伝えるテレビ中継がある頃には、気分はもう春といった風情で、この日を年の始めとした古代中国の賢人に思いを馳せたりなんかする。それから、寒波のぶり返しやゲールと呼ばれる強い風に幾度となく身をきられるような日が続くけれども、時折顔を見せる日差しはその度ごとに明るさを空は青さを増していく。そして、私は主人と共に立ち上がる。時すでに満ちたり、いざ行かむ。
　分厚いセーターにぐるぐるとマフラーを巻き付けて訪れる先はガーデンショップである。やっぱりね、ほらほ

ら。プリムローズがまだまだ冷たい風に身をすくませて、それでも色とりどりの可愛い顔をのぞかせている、パンジーは風に揺れている。チューリップは蕾をつけている。よく見ると、あちらには実を膨らませたネコヤナギが、そちらには椿が可憐な花を咲かせている。あれもこれも、ここにある早い春を全部車に積んで持って行けたらいいのに。

　持ち帰った両手一杯の春を早速庭に移そうと土いじりを始めると、あれ、去年ここに植えていたパンジーの種が落ちたのかな、ここそこに小さな芽を出している。こっちの葉っぱはポピーかなあ。あ、あっちには紫色の小さな花が咲いているよ、と小さな楽しい発見は続く。そして植えたばかりのプリムローズがうちの庭にも春を持って来た。

　私達が庭いじりを始めたのは、隣人の影響だったと思う。彼等は暇さえあると何かしら庭をいじっていた。イギリスにはこういうタイプの人達がたまにいる。が、その隣人はどう見ても二十代後半にしか見えなかったので、そのことが私を少なからず驚かせた。若いのに他に趣味はないのかしら、日が長くなると週末は勿論週日も

日が暮れるまで土にまみれている彼等を眺めては、私は不思議でしょうがなかった。様々の樹と緑に彩られた彼等の庭は確かに美しかったが、芝生を敷きつめただけの庭に私は不満を感じなかった。

　しかし、まず、主人が庭にバラを植え始め、ここをローズ・ガーデンにするんだと息巻き始めた。何やら本を幾冊も買って来ていろんな知識を詰め込むと、「バラはね…」などと私が尋ねもしないことをレクチャーし始めた。「ふうーん」、トゲトゲが付いてなければバラの樹だとは分からないようなものを目の前に私の反応は今一つだったけれど、彼はそのトゲトゲに水をやったり栄養剤をあげたり、それはそれは大事そうに育て始めた。やっと蕾をつけた時は飛び上がらんばかりに喜び、その直後害虫がついた時にはこの世の終わりのような顔をしていた。

　ある夏の朝、バラが咲いた。ひんやりとした空気とやわらかい光の中ひっそりと。それは息をのむほどに美しく、以前滞在した古い大学寮の庭に咲いていた何百のバラよりも、ずっとずっとかけがえのないものに思えたのだった。「だって、これは僕が水をやり愚痴を聞いてあ

げたハナなんだからね」。私が幼い頃読んだ星の王子様の中のセリフを思い出していると、「ほら、バラの香りがするよ」と主人は嬉しそうに私を振り返った。

　隣人と意気投合しすっかりグリーン・ハンズになった彼の影響で、今度は私が感化され始めた。やり始めると結構楽しいのだ。手をかけて育てた花や緑に囲まれてお茶を飲む時の満足感はまさに「水をやり愚痴を聞いてあげた」者にしか分かるまい、である。

　隣人はその後引越していき、私達もイギリスの北から南へと大移動をした。また夏が来て、庭へ出るとそこはかとなく私が植えたラベンダーの香りがした。つい先刻まで楽しそうに喋っていた主人は急に黙り込むとやがてポツリと言った。「僕のバラ、枯れていないかなあ…」。私はギクリとして彼を見た。それは星の王子様のセリフだゾ。

23. CHIRISTMAS (1)

　今でも懐かしく思い起こすのがイギリスへ来て最初のクリスマス・パーティー。それは歴史ある古い洋館で行われた。こんなところに道があるのかと思えるようなところを、私達を乗せたバスが走っていく。日はもうとっくに暮れてあたりは冬の闇が広がっている。道の両脇に立ち並んでいるらしい大きな木々が更に闇を深くして、私はふとドラキュラの館へでも連れて行かれているかのような妄想すら起こしかけたくらいであった。と、ふいにあたりが明るくなって、その洋館が光の中浮かび上がっていた。
　洋館へ足を踏み入れると、何処からこんなに沸いて出たかと思うほどの人があふれていて、私はほっとすると

同時に現実の世界へ引き戻された。バーは着飾った人々でごった返していて、食前のドリンクを求める列ができていた。開いたドアの向こうには大広間が続いており、質の良さそうなリネンを掛けられたテーブルの周りで忙しそうに働く若い男女の姿が見えた。天井が高く、確かシャンデリアが吊り下げられていたと思うけれども派手さはなく、より落ち着いた印象を与えていたことを覚えている。

　それから小一時間も経っただろうか、時計の針が八時を回った頃、誰かの声を合図に私達は大広間へ移動した。全員が席に座るのを待ってメニューが渡され、それから給仕達が私達一人一人に「マダム、スターターは何になさいますか」といった具合に注文を聞きにやって来る。しかし、よく観察をすると幾つかあった選択肢から半分以上がスターターはスープ、メインコースに至っては十中八、九が七面鳥のローストを選んでいる。効率性を重視すれば、菜食主義者にだけ特別なアレンジをして、それ以外の者にはスープに七面鳥をパパっと出せば良さそうなものだが、イギリスは奥が深い。

　メインコースになると金属性の大きな平皿を抱えた給

仕達がテーブルを回りそれぞれの選択肢を皿に置いてくれる。付け合わせの野菜も同様で、ジャガ芋は、人参は、ビーンズは、といちいち聞きながら皿によそってくれるのだ。非効率も甚だしいこれらのことを伝統作法だと言ってしまえばそれまでだが、恐らく「サービスとは」に対する視点がイギリス人と私達とでは異なるのだろう。そういえば、列車で紅茶を頼んでも、お砂糖は、ミルクは、といちいち尋ねてくれ、その結果、自分の好みに合ったお茶を飲むことができるし、砂糖やミルクを無駄にしないで済むことにもなるのだ。

　七面鳥は初めてだと言うと、同じテーブルに座った婦人がこのソースを試してご覧なさいと何かジャムのようなものを私によこしてくれた。聞けばクランベリー・ソースといって、七面鳥にはつきものだと言う。口にすると甘い味がした。「どう、初めての七面鳥は？」その婦人は興味深気に私を見守っている。「イギリス伝統の味に触れたという気がします」という私の応答は、イギリス料理に対する各国の評価を考慮すればそう誉めたものでもなかった筈なのだが、彼女は満足げに頷いた。

　食後のお菓子には私を含め参加者ほぼ全員がクリスマ

ス・プディングを選んだ。何かキレたようなそのこってりした甘さと口中にまとわりつくようなその食感に私はのどを詰まらせそうだったけれど、前出の婦人はプディングの出来をあれこれ批評してみせながらお茶も飲まずにあっという間に平らげてしまった。そして、私が食べ残したのを目ざとくみつけると不満げな面持ちで「何かそのプディングに問題でもあるの?」と聞いた。

　どうしてあんなにゴージャスなホテルであの程度の料理しか出せないのだろうと、そればかりを考えながら私は家路についた。あれから幾つクリスマスを過ごしたろう、今では七面鳥のローストとクリスマス・プディングを食べないとクリスマスが来た気がしない。そして、今にして思えば、あの時の料理は美味しかったのである。

24. CHIRISTMAS (2)

　クリスマス。イルミネーションがきらめく通りを抜け、街灯の明かりだけがぼうっと浮かび上がる住宅街へ車を走らせる。番地を探し当て呼鈴を押すと暫くしてドアが開き中の明るさが一緒にこぼれ出てくる。もう他のゲストは揃っていてワインを片手に静かに談笑していた。部屋の隅にはクリスマス・ツリーが、そして飾られたイルミネーションがチカチカと楽し気で、キャンドルが灯された部屋に動きを与えている。

　ゲストが揃ったのを見てニコラは用意していた七面鳥をオーブンに入れた。ローストなんかの場合、客が揃ってから焼き始めるのが普通なのである。この大きさだと、そうね、四十五分くらい焼けばいいんじゃないかし

ら、と彼女は私の質問に答えた。ということは、食事にありつけるのはせいぜい一時間先かあ、と失望してはいけない。七面鳥が焼き上がるのを待つことも、クリスマスの楽しみの一つなのだから。

　そうこうするうちに、和やかに談笑しているリビングに何となく煙たさがただよってきた。ウチのオーブンは年代物だから少し煙たいのよねチョット様子を見て来るわ、などと言い訳をしながらニコラは席を立った。と、突然「火事よっ！」という悲鳴がしてリビングにまでもくもくと煙が立ち込めた。慌てて私達が台所へ駆け付けるとオーブンの中から火が吹き出している。どうやら七面鳥と一緒に焼いていたベーコンの両方から脂が出て、どんなふうにか点火したらしかった。

　「誰か窓を開けて！　消防車を呼んで！」パニックに陥ったニコラはそう叫びながら、しかし、オーブンの前からは動かずに火がついているベーコン巻ソーセージを取り出そうと躍起になっている。消防車を呼ぶほどのことではなさそうであったので誰も受話器を握りしめに行く者はいなかったが、部屋中の窓は誰かが開けに走った。「とにかくオーブンを一旦止めた方が良いだろう。

電源も取りあえず消しておこう」。誰かが冷静な指示をニコラに与えている。が、ベーコンの火は消えず「消えないわ！」と彼女が落胆の声を出すと冷静な声が「そのうち消えるよ」と答えた。煙のせいで、皆、目からボロボロと涙を流している。結局、ニコラと一緒に住んでいる彼女のボーイフレンドが何処からか耐火毛布なるものを探し出して来てそれをオーブンに放り込み、やっと火は消えるに至った。

　「いや、それにしても、素晴らしいエンターテインメントだったな」。火事騒動も一段落してテーブルを囲んでクリスマス・ミールが始まると、誰かがこう口火を切った。すると、居合わせたイギリス人は皆口々に迎合し、「そうそう、こんな愉快な余興をクリスマスに目にしたのは初めてだわ」「火事を出すあのタイミング、芝居にしては絶妙だったよな」等と言っている。イギリス人というのは全てをウイットで変えてしまう民族なのだ。そして、そのことこそが、イギリスという国の政治的な強さなのではないかと私は密かに思っているのだが…。目の前のニコラは七面鳥のローストを切り分けながら「これはクリスマス・スペシャルなのよ、だって本物

の火を使ってローストしたんだから」などとのたまっている。そして、彼女があのベーコン巻ソーセージをよそって回ると、誰かが大声を出した。「嬉しいなあ！本物のバーベキューをクリスマスに食べれるなんてさ！」

　ゲームをしたり、お喋りをしたり、誰かがギターを持ち出してきて歌を披露したり、そんな風にクリスマスの夜は更けて行った。時間を忘れて楽しんだ私達もやっと帰る時を知りいとまを告げるとニコラは笑ってこう言った。「料理にゲームにエンターテインメント、楽しんで貰えたかしら？」そして私達は口々に答えたのだ。「勿論、特にエンターテインメントが素晴らしかったわ！」

　それは私が体験した中で最高に楽しいクリスマスだったのである。

著者略歴

近藤久仁子（こんどう　くにこ）
九州大学法学部卒業。
イギリスでLL.M.（法律修士号）取得後、同国の事務弁護士資格試験
に合格し、現在に至る。

Over the tree !

2000年11月1日	初版第1刷発行

著　者　　近藤久仁子
発行者　　瓜谷綱延
発行所　　株式会社文芸社
　　　　　〒112-0004　東京都文京区後楽2-23-12
　　　　　　　　　　電話　03-3814-1177（代表）
　　　　　　　　　　　　　03-3814-2455（営業）
　　　　　　　　　　振替　00190-8-728265
印刷所　　株式会社平河工業社

© Kuniko Kondo 2000 Printed in Japan
乱丁・落丁本はお取り替えいたします。
ISBN4-8355-0803-3-C0095